COLLECTION DU PRINCE SIGISMOND RADZIWILL

Deuxième Partie.

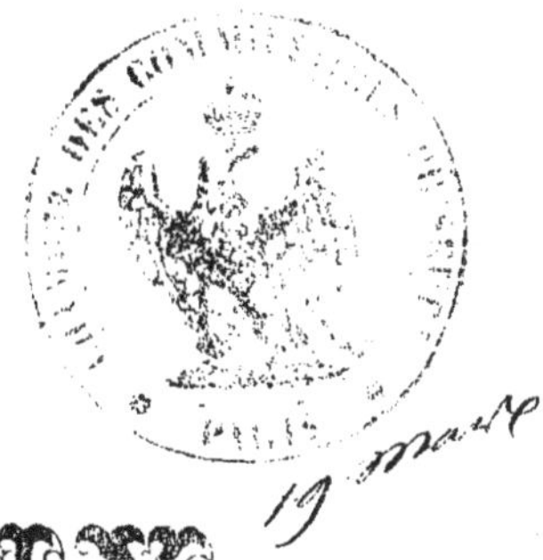

TABLEAUX

ANCIENS

VENTE LES JEUDI 22 & VENDREDI 23 MARS 1866

Exposition le Mercredi 21 Mars.

COMMISSAIRES-PRISEURS :

Mᵉ Charles PILLET. | Mᵉ COUTURIER

M. BARRE, Expert.

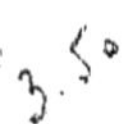

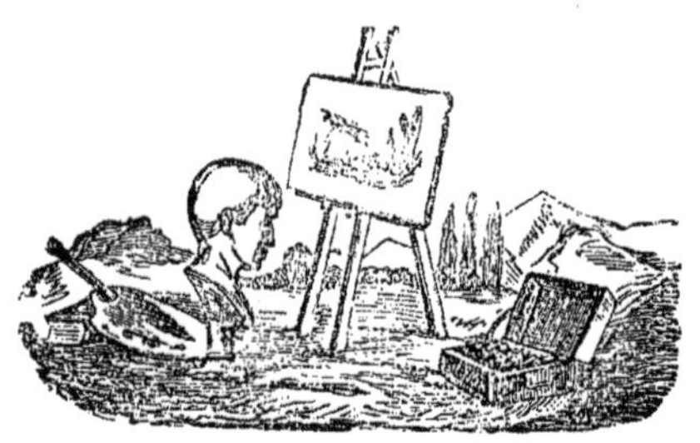

RENOU et MAULDE, Imprimeurs de la Compagnie des Commissaires-Priseurs,
rue de Rivoli, 144.   49589

CATALOGUE

DES

TABLEAUX ANCIENS

DES

ÉCOLES ITALIENNE, ESPAGNOLE, FRANÇAISE & HOLLANDAISE

Composant la deuxième partie

DE LA COLLECTION

DU PRINCE SIGISMOND RADZIWILL

DONT LA VENTE AURA LIEU

HOTEL DROUOT

GRANDE SALLE N° 7

Les Jeudi 22 & Vendredi 23 Mars 1866

A DEUX HEURES ET DEMIE

Par le ministère de **Me CHARLES PILLET**, Commissaire-Priseur,
rue de Choiseul, 11,

Et de **Me COUTURIER**, son Confrère, rue Drouot, 21,

Assistés de **M. BARRE**, Expert, Cité d'Antin, 7,

Chez lesquels se délivre le Catalogue.

EXPOSITION PUBLIQUE

Le Mercredi 21 Mars 1866, de 1 heure à 5 heures

PARIS — 1866

CONDITIONS DE LA VENTE

Elle sera faite au comptant.

Les Acquéreurs paieront CINQ POUR CENT en sus des Adjudications.

CE CATALOGUE SE TROUVE :

A Paris............... Chez MM. CHARLES PILLET , Commissaire-Priseur, rue de Choiseul, 11.

Id. .... — COUTURIER , Commissaire-Priseur, rue Drouot, 21.

Id. .... — BARRE, Expert, Cité d'Antin, 7.

Londres............ — COLNAGHI, Pall-Mall-East, 14.

Id. .... — John WEBB, Cork-Street-Burlington-Garden, 22.

Id. .... — N. DURLACHER, New-Bond-Street, 113.

Id. .... — ANNOOT, Old-Bond-Street, 16.

Bruxelles........... — Étienne LEROY, place du Grand-Sablon, 12.

Rotterdam.......... — LAMME, conservateur du Musée.

La Haye............ — DIRKSEN, Hopsfui, 99.

Berlin............... — FIOCATI, unter den Linden, 21.

Id. .... — LEPKÉ, unter den Linden, 12.

Vienne............. — ARTARIA et C\ie.

DÉSIGNATION

DES

TABLEAUX

ABSHOVEN

1 — Intérieur flamand. — La Surprise.

ANGERMEYER (SIGNÉ)

2 — Bouquet de fleurs dans un vase. (Deux pendants.)

J. ASPER

3 — Portrait de Seigneur en costume du xvie siècle, avec armoiries.

VAN ARTOIS & V. DER MEULEN

4 — Attaque de cavaliers à l'entrée d'un bois.

BASSAN

5 — Bergers offrant un sacrifice pendant que leurs femmes préparent le repas.

BRUANDET (SIGNÉ)

6 — Bois traversé par une route avec marche d'animaux.

VAN BALEN

7 — Sujet mythologique.

VAN BLOEMEN

8 — Vue d'un camp.

VAN BLOEMEN

9 — Le Boute-selle. (Pendant du précédent.)

BREUGHEL LE VIEUX (SIGNÉ)

10 — Village avec cours d'eau, animé d'un grand nombre
de figures.

BREUGHEL LE VIEUX (SIGNÉ)

11 — Pendant du précédent.

BREKELEMKAMP

12 — Intérieur flamand.

BREUGHEL & VAN KESSEL

13 — Réunion de toutes espèces d'animaux et de volatiles
que Noé se dispose à faire rentrer dans l'arche que
l'on aperçoit dans le fond du paysage.

BRANDT

14 — Les Vendanges.

Au milieu d'un paysage montagneux des paysans sont occupés aux travaux de la vendange.

BRUNNER (SIGNÉ)

15 — Bouquet de fleurs dans un vase entouré de ceps de vigne, et d'oiseaux au brillant plumage.

F. BOL (SIGNÉ)

16 — Portraits de dames et de seigneurs en riche costume oriental.

(Deux pendants dans le même cadre.)

F. BOL (SIGNÉ)

17 — Portrait d'un seigneur russe.

Il est coiffé d'une toque ornée de fourrures et porte une chaine d'or sur la poitrine.

CASIN (SIGNÉ)

18 — Entrée d'un cloître, paysage orné de figures.

CASIN (SIGNÉ)

19 — Environs de Tivoli.

CASANOVA

20 — Mouton se défendant contre une vache.

CASANOVA

21 — L'approche de l'orage. — Animaux au pâturage.

CASQUEL

22 — Vue de l'ancien Paris.

GONZALÈS COQUE (GENRE DE)

23 — Portraits de divers personnages réunis dans un jardin orné de vases et de statues.

CANALETTI

24 — Vue d'un ancien château et de ses dépendances.

Un grand nombre de figures animent ce paysage.

CANALETTI

25 — Place d'une ville d'Allemagne. (Pendant du précédent.)

C. R. (SIGNÉ)

26 — Ruines dans un paysage avec figures et animaux.

PIERRE DE CORTONE

27 — Intérieur de la Sainte Famille.

La Vierge tient l'Enfant Jésus sur ses genoux, le petit saint Jean lui baise les pieds. Dans le fond, saint Joseph travaille. Des anges portent une croix.

CAMPIDOGLIO

28 — Fleurs, fruits et accessoires divers posés sur des chapiteaux et des tables de pierre.

CAMPIDOGLIO

29 — Fruits et Légumes posés sur une console en pierre.

(Pendant du précédent.)

CULEMBURG

30 — Sujet mythologique.

J. D. DE HEEM (SIGNÉ)

31 — Nature morte.

Sur une table sont posés des fruits, un plat contenant des huîtres, des verres de Venise, et quelques pièces d'argenterie. Dans le fond une draperie.

DOMINIQUIN

32 —· Site italien.

Au milieu d'un paysage accidenté et traversé par un cours d'eau, des paysans taillent des arbres, et se disposent à les mettre à flot.

DOMINIQUIN (ÉCOLE DE)

33 — Le Parnasse.

DROGSLOOT (SIGNÉ)

34 — Village flamand traversé par une route où l'on voit des paysans attablés.

(Deux pendants.)

DENNER

35 — Tête de jeune fille.

DIETRICY

36 — Paysage montagneux avec figures et animaux. — (Deux pendants.)

DIETRICY

37 — Paysage avec rivière et barque de pêcheurs. (Deux pendants).

DIETRICY

38 — La sortie de la ferme.

DEVRIES

39 — Paysage.

A droite, sur un monticule boisé baigné par un cours d'eau, des bergers font paître leurs troupeaux; à gauche, une plaine dont la vue s'étend dans un lointain des plus vaporeux.

VAN ECKHOUT (SIGNÉ)

40 — Portrait d'homme en costume noir.

FYT (J.)

41 — Nature morte.

Un lièvre et un canard sauvage suspendus à un arbre; à terre des attributs de chasse gardés par deux lévriers.

FYT (J.)

42 — Nature morte.

Près d'un bas-relief antique sont déposés un coq de bruyère, un faisan, des perdrix et autres gibiers ; un fusil de chasse et une gibecière gardés par un chien.

G. FLINCK (SIGNÉ)

43 — Portrait de vieille femme en costume noir.

Elle tient un mouchoir dans ses mains.

FLUBURG

44 — Le Manége.

GRIFFIER

45 — Vue des bords du Rhin, animée par un grand nombre de figures.

GUASPRE

46 — Paysage orné de figures.

LUCA GIORDANO

47 — L'enlèvement d'Hélène.

Très-belle composition admirablement dessinée et d'une superbe couleur.

GILLEMANS (SIGNÉ)

48 — Fruits et Poissons posés sur une table recouverte d'un tapis.

JAN VAN HUYSUM (SIGNÉ)

49 — Bouquet de fleurs dans un vase posé sur une console.

JAN VAN HUYSUM (SIGNÉ)

50 — Bouquet de fleurs dans un vase orné de bas-reliefs.

PIERRE DE HOOG (GENRE DE)

51 — Intérieur.

Des personnages font de la musique, d'autres sont occupés à causer pendant que les maîtres de la maison reçoivent une visite.

HONTHORST

52 — Le Concert.

HOET (G.)

53 — Sujet mythologique.

JANSON (SIGNÉ)

54 — Nature morte.

Sur une console en pierre sont placés des fruits, des huîtres et divers accessoires.

ANGELICA KAUFMANN

55 — Jeune femme tenant un enfant sur ses genoux.

VAN KESSEL

56 — Vue d'un village de Flandre.

Au bord d'une route qui traverse un champ de blé, on aperçoit une vieille église entourée de maisons rustiques.

VAN KESSEL

57 — Le Repos de Diane.

58 — Le Départ pour la chasse.

59 — Les Plaisirs champêtres.

60 — Allégorie des quatre Éléments.

61 — Paysage animé de figures.

(Ces cinq tableaux forment pendant.)

KAREL DUJARDIN (SIGNÉ 1666)

62 — Portrait d'un Magistrat.

Il est vêtu d'un manteau noir sur lequel retombe une chemisette brodée attachée par des glands dont il tient l'un dans la main droite. Il est tête nue, et ses cheveux tombent sur ses épaules.

A. KLOMP (SIGNÉ)

63 — Animaux au pâturage.

A. KLOMP (SIGNÉ)

64 — Animaux au repos dans la campagne. (Pendant du précédent.)

LEMAY (signé)

65 — Vue du Vésuve, prise aux bords de la mer.

LEMAY (signé)

66 — Vue des environs de Naples.

LACROIX

67 — Palais en ruines au bord de la mer. Effet de soleil levant.

LACROIX

68 — Port de mer. Effet de soleil couchant.

LACROIX

69 — Port de mer. Environs de Livourne.

LACROIX

70 — Marine. Clair de lune.

LUCAS DE LEYDE

71 — Scène de jeu.

Dans un intérieur, divers personnages en costume du xvi⁰ siècle jouent aux cartes.

LALLEMAND (signé)

72 — Cour d'un ancien palais.

Au centre, s'élève une fontaine monumentale près de laquelle divers groupes de figures se reposent ou se promènent.

LALLEMAND (signé)

73 — Vue d'un ancien temple.

Au milieu de la colonnade s'élève la statue équestre de Marc-Aurèle.

LOUIS CARRACHE

74 — La Vierge tenant le Christ mort sur ses genoux.

La bordure de ce tableau est en pierre dure ornée de bronzes dorés de l'époque de Louis XVI.

CARLE MARATTE

75 — Sainte Famille.

MORGENSTERN (signé)

76 — Intérieur d'église, orné de figures. (Deux pendants.)

MICHAUD

77 — Halte de cavaliers à la porte d'une auberge.

(Deux pendants.)

METZU (signé)

78 — Intérieur de cour d'une maison hollandaise.

Un cavalier tend un verre à une servante. De nombreux accessoires ornent ce tableau.

MIGNARD

79 — Portrait d'un prince de Bourbon couvert d'une riche armure.

MIGNARD

80 — Portrait de Colbert.

Il est représenté tête nue, les épaules couvertes d'un manteau noir orné de l'ordre du Saint-Esprit.

MIÉRIS (SIGNÉ)

81 — L'Antiquaire.

METTENLEITTER (SIGNÉ)

82 — Le Cellier.

METTENLEITTER (SIGNÉ)

83 — Le premier pas. (Pendant du précédent.)

MOLNAER

84 — Intérieur de tabagie flamande.

NOGARI

85 — Le marchand de poissons.

NOGARI

86 — La marchande de volatiles.

N. L. (SIGNÉ 1641)

87 — Intérieur de palais avec personnages en costume de l'époque de Louis XIII.

OSTADE (ÉCOLE D')

88 — Le porc dépecé. Intérieur de paysan hollandais.

PALAMÈDE (SIGNÉ 1614)

89 — Combat de cavalerie.

POUSSIN (NICOLAS)

90 — Paysage historique.

Au premier plan, deux naïades, appuyées sur leurs urnes, détournent la tête au bruit que fait un serpent en se déroulant sur lui-même. Au second plan, un lac dans les eaux duquel des femmes se livrent au plaisir du bain. Dans le lointain de hautes montagnes se perdent à l'horizon.

Cette œuvre admirable est de la meilleure époque du maître, et est dans un état parfait de conservation.

P. C. (SIGNÉ)

91 — Nature morte.

PORBUS

92 — Portrait de Seigneur en costume noir.

PRIMATICE (ÉCOLE DE)

93 — La mort d'Adonis.

ERASME QUILLIN

94 — La Reine de Saba.

VAN ROMEYN (SIGNÉ)

95 — Berger conduisant son troupeau à l'abreuvoir.

REMBRANDT (P. VAN RYN)

96 — La mise au tombeau.

Les apôtres consternés tiennent le corps du Christ dans un linceul, et vont le déposer dans le sépulcre. Les Saintes Femmes sont à genoux autour du tombeau, abîmées dans la plus profonde douleur.

A travers les anfractuosités du rocher on aperçoit le Calvaire.

Cette triste scène, éclairée par une lanterne et des cierges que tiennent deux des disciples, est rendue avec une vérité saisissante.

RUBENS (D'APRÈS)

97 — Le Jardin d'Amour.

RUBENS (ÉCOLE DE)

98 — Philémon et Baucis.

RAPHAEL (D'APRÈS)

99 — Très-belle et importante gouache sur vélin.

Copie d'une des fresques du maître.

ROTTENHAMER

100 — Danse d'Amours.

RUTHART

101 — Étude de bêtes fauves.

REYNOLDS

102 — Paysage avec figures et animaux. (Esquisse.)

SALVATOR ROSA

103 — Le Massacre des Innocents.

Les soldats d'Hérode viennent d'entrer dans un temple soutenu par d'énormes colonnes, et exterminent impitoyablement les enfants dans les bras de leurs mères éplorées.

SILVESTRE

104 — Portrait d'Auguste III, roi de Pologne, et de sa femme.

ANDREA SOLARIO (D'APRÈS)

105 — Vierge allaitant l'Enfant Jésus.

STUVENS (SIGNÉ)

106 — Bouquet de fleurs dans un vase.

STUVENS (SIGNÉ)

106 bis — Fruits posés sur une console.

R. SAVERY (SIGNÉ)

107 — Intérieur d'étable.

R. SAVERY (SIGNÉ)

108 — Paysage boisé orné de figures.

ALEXANDRE THILE

109 — Paysage avec cours d'eau, orné de figures et d'animaux.

TÉNIERS (SIGNÉ)

110 — Intérieur flamand.

Dans un intérieur rustique on aperçoit une vieille femme endormie, et dans le fond du tableau des paysans qui se chauffent près d'une cheminée.

VAN UDEN

111 — Paysage orné de palais, avec figures et animaux.

C. V. (SIGNÉ)

112 — Le passage du gué.

Charmant paysage qui rappelle les œuvres de Berghem.

VERTANGEN

113 — Le repos de Diane.

VLIÉGLER

114 — Mer houleuse, sillonnée par des barques de pêcheurs.

VLINGEL (SIGNÉ)

115 — Portraits de dames et seigneurs, avec fond de paysage.

A. VÉRONÈSE

116 — Les Noces de Cana.

VERSCHURING (SIGNÉ)

117 — La première leçon d'équitation.

VERSCHURING (SIGNÉ)

118 — La Halte.

PIERRE WOUVERMANS (SIGNÉ)

119 — Le Marché aux chevaux.

Au centre de la composition, un seigneur, accompagné de sa femme et suivi d'un petit nègre, désigne un cheval qu'il désire sans doute acheter; de tous côtés des groupes de chevaux s'offrent à la vue des acheteurs. A droite, des saltimbanques s'exercent pour attirer l'attention des passants.

SIMON VOUET

120 — Le Colin-Maillard.

J. VERNET

121 — Pêcheurs sauvant les débris d'un vaisseau. Soleil couchant.

WAGNERIN (SIGNÉ)

122 — Paysage avec ruines.

WAGNERIN (SIGNÉ)

123 — Les Pêcheurs. — Paysage-marine.

JEAN WOUVERMANS

124 — Le départ pour la chasse.

JEAN WOUVERMANS

125 — La Halte.

WUEST (SIGNÉ 1779)

126 — Paysage montagneux avec animaux.
(Deux pendants.)

WINK (SIGNÉ)

127 — Fleurs et Fruits posés sur une table de pierre. (Deux pendants.)

VAN DER WERF (SIGNÉ)

128 — Sujet mythologique.

ÉCOLE GOTHIQUE

129 — La Vierge tient l'Enfant-Jésus assis sur un coussin et ouvre un livre d'Heures.

ÉCOLE ANGLAISE

130 — Animaux au repos dans la campagne. Effet d'orage.

ECOLE FRANÇAISE

131 — Baigneuses dans un paysage.

(Deux pendants.)

ÉCOLE FLAMANDE

132 — Portrait d'Homme avec collerette.

ÉCOLE ALLEMANDE

133 — Portrait de Vieillard à barbe blanche.

ÉCOLE ITALIENNE

134 — Poissons posés sur une table.

ÉCOLE ITALIENNE

135 — Vénus désarmant l'Amour.

ÉCOLE ITALIENNE

136 — L'Ivresse de Silène.

ROOS DE TIVOLI

137 — Animaux au repos.

SUPPLÉMENT

BERGHEM (signé)

138 — Paysage italien orné de monuments en ruines.

Des muletiers sont occupés à charger leurs montures. Dans le fond, des animaux au repos près d'une rivière. Effet de soleil couchant.

BRONZINO

139 — Portrait d'une princesse d'Este.

Elle est représentée debout, la tête nue et ornée de bijoux. Elle est vêtue d'un costume noir à manches blanches rayées, et tient un mouchoir dans l'une de ses mains. Dans le fond des draperies.

FYT (signé et daté)

140 — Chien gardant des oiseaux et du gibier mort.

JUSEPE DE RIBERA
(signé et daté 1616)

141 — Portrait d'un Évêque de l'ordre monastique.

Il est représenté tête nue, vêtu d'une robe noire. Il tient d'une main une plume et de l'autre un parchemin. Sur une table sont placés une mitre d'évêque et un volume sur le dos duquel se lit la signature du maître: *Jusepe de Ribera, Espanol, f. 1616.*

JUSEPE DE RIBERA
(SIGNÉ ET DATÉ 1616)

142 — Portrait d'un savant.

Il est vêtu d'une draperie blanche et brune qui lui enveloppe en partie le corps et les bras, et tient d'une main un in-folio annoté, et de l'autre un parchemin sur lequel est représenté un problème de mathématiques, avec la date de 1649.

VIGÉE LEBRUN (SIGNÉ 1817)

143 — Amphion et les trois Naïades.

Sujet mythologique représentant les portraits du prince Henri Lubomirski, de la comtesse Jules de Polignac, de la comtesse de Guiche et de Mlle Lebrun.

VIGÉE LEBRUN (SIGNÉ 1817)

144 — Portrait de la comtesse Kintski en costume polonais.

VIGÉE LEBRUN (SIGNÉ 1817)

145 — La Joueuse de guitare, portrait de la fille de Mme Lebrun.

VIGÉE LEBRUN (SIGNÉ 1817)

146 — Portrait de Raphaël.

Tous ces tableaux de Mme Lebrun proviennent de sa succession.

Renou et Maulde, imprimeurs de la Compagnie des Commissaires-Priseurs, rue de Rivoli, 144.   49589

www.ingramcontent.com/pod-product-compliance
Ingram Content Group UK Ltd.
Pitfield, Milton Keynes, MK11 3LW, UK
UKHW031707170726
13836UKWH00001B/84